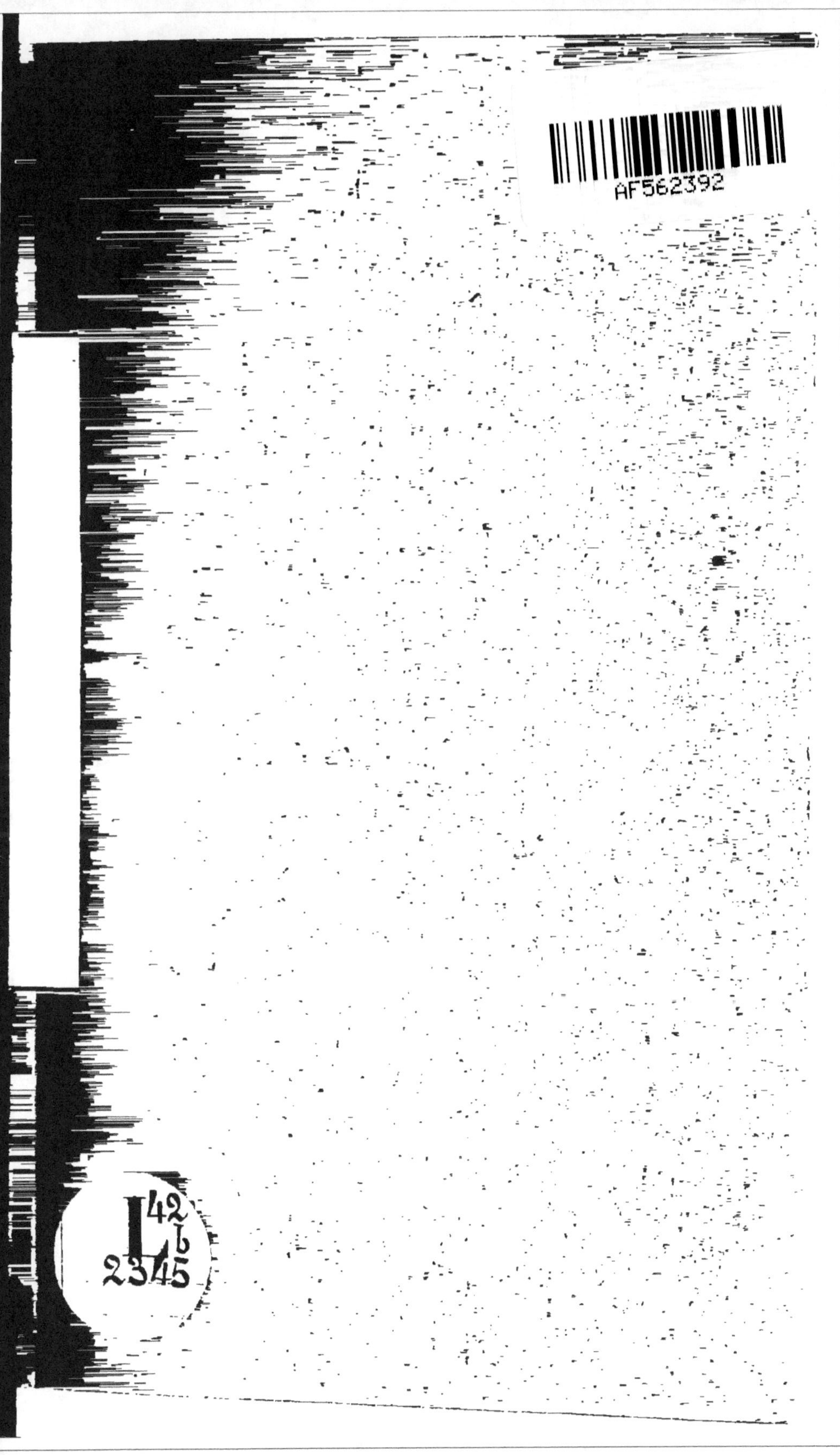

# DISCOURS

PRONONCÉ

*à Mayence le 26 Messidor, an 7,*

JOUR



# DE L'ANNIVERSAIRE

du 14 Juillet 1789;



PAR

LE C.en F. V. MULOT,

*ancien Député de Paris à l'Assemblée législative, Professeur de belles Lettres, Membre du Lycée des Arts, et de la Société libre des Sciences, Lettres et Arts de Paris.*

---

MAYENCE,

chez ANDRÉ CRASS, Imprimeur du Département.

**Hor.** *Quisnam igitur liber?* **Dav.** *Sapiens, sibique imperiosus:*
*Quem neque pauperies, neque mors, neque vincula terrent.*
*Responsare cupidinibus, contemnere honores,*
*Fortis, et in seipso totus teres atque rotundus,*
*Externi ne quid valeat per leve morari:*
*In quem manca ruit semper fortuna. . . .*

Horat. Satyr. VII Serm. lib. II.

---

**Hor.** Qui est donc l'homme libre? **Dav.** le sage, celui qui a l'empire de lui-même; celui que ni la pauvreté, ni la mort, ni les chaînes n'épouvantent point; qui a la force de résister à ses passions, et de mépriser les honneurs; qui est tout renfermé en lui-même; qui ne donne aucune prise à rien d'étranger; et sur qui enfin les plus rudes coups de la fortune tombent toujours sans effet.

Horace *Satires livre II. Sat. VII.*

# DISCOURS

## *pour l'Anniversaire du 14 Juillet 1789.*

IL sera mémorable à jamais dans les annales du monde, ce jour où le Peuple Français porta le premier coup à ses tyrans, en renversant la forteresse fameuse, qui depuis si long-tems engloutissoit leurs victimes.

Cet édifice étoit devenu la base du trône; la première des pierres qui en fut détachée l'ébranla; en tombant la bastille en présagea la chûte prochaine; et le François libre ne sauroit oublier que sa liberté date de cette époque immortelle.

Quels doux souvenirs cet événement laisse à ceux qui en ont été les témoins!

Oui je crois encore la voir tomber sous mes yeux cette prison colossale, cette masse énorme que des Généraux agguerris n'avoient pû conquérir; je crois la voir crouler à la voix seule, pour ainsi dire, de quelques hommes sans expérience, (1) dont l'arme la plus puissante étoit la torche allumée au feu de leurs cœurs brulans de l'amour de la liberté.

Des souterrains enflammés de cette infâme citadelle je vois sortir, aidés par un bras libérateur, des spectres d'hommes blanchis dans les fers de la tyrannie, victimes innocentes des crimes de nos despotes (2). Ma main me semble retracer de nouveau cette inscription simple (3) qui dans un lieu solitaire et paisible re-

---

(1) On sait que la Bastille fut attaquée par de simples habitans de Paris dont la majorité s'etoit fabriqué des armes plus singulières les unes que les autres, c'etoit des instrumens de jardinage, des faux, des croissans, ou de vieilles épées enmanchées dans des batons. Le feu mis au Gouvernement d'où Delaunay avoit fait tirer sur les Parisiens contribua beaucoup à la reddition de la forteresse.

(2) Plusieurs prisonniers dont la barbe longue et blanchie attestoit la durée de la captivité furent tirés des cachots de la Bastille.

(3) Quoique ce ne fut pas précisément le 14 Juillet que l'on fit la découverte dont je parle, j'ai cru pouvoir la reporter à cette époque parcequ'elle fut une suite peu éloignée de la prise de la Bastille. Dans un des cachots du bastion qui

couvre aujourd'hui les ossemens desséchés de ces malheureux dont les cadavres, captifs encore après leur mort, n'avoient eu d'autre sépulture que le cachot même où la tyrannie les avoit enfermés vivans, et dont le tems sembloit n'avoir ménagé les chaînes que pour en former un titre accusateur contre la barbarie des rois. Mon sein se sent encore pressé par celui de ce soldat vainqueur que j'eus le bonheur de serrer dans mes bras et qui glorieux de sa victoire, oublioit la blessure qu'il venoit de recevoir (4)

---

donnoit sur le fauxbourg Antoine on trouva trois squélettes dont l'un étoit encore enchaîné à la pierre sur laquelle il étoit étendu. On peut consulter sur ce point les procès-verbaux de la Commune de Paris. Je fus invité à faire une épitaphe qui fut gravée sur le tombeau où l'on déposa solemnellement les dépouilles de ces victimes de la tyrannie. On la lit encore à l'entrée du cimetière de la ci-devant paroisse S. Paul près de la grille.

(4) Au retour de la prise de la Bastille j'eus le bonheur d'embrasser un grenadier des gardes françaises qui avoit été blessé au genou d'un coup de feu, il étoit hors du rang et suivoit les canons.

Tout étoit frappant, tout étoit remarquable dans ce premier triomphe sur le despotisme. C'étoit au milieu du mois que la flatterie des Romains avoit désigné par le nom d'un de leurs empereurs (5); c'étoit sous la conduite des soldats qui composoient la garde du tyran (6); c'étoit au moment où le tyran venoit de déployer tout l'appareil de la guerre contre un peuple bon et désarmé (7), et où le digne parent de l'Autrichienne (8), sa féroce moitié, trop ardent à obéir à sa voix, en entrant avec

---

Peu de jours après j'eus l'avantage de contribuer à la nomination à la place de Lieutenant de mon district d'un de ses compagnons d'armes, le brave MÉNAGE, qui se distingua tant à Quibéron, que j'embrassai avec tant de plaisir à Bonn et à Durkeim où je le retrouvai Général, et que j'eus malheureusement bientôt à pleurer avec tous les bons Français lorsqu'il périt à la descente de HUMBERT en Irlande.

(5) Le mois de Juillet, ainsi nommé de *Jules César.*

(6) Le corps des gardes françaises.

(7) Le camp du champ de Mars devant l'école militaire où etoient les Suisses de Salis-Samade.

(8) Le prince *Lambesc* entrant aux Thuileries renversa un vieillard qui y étoit paisiblement assis. Le dessinateur *Moreau* a rendu très bien cet événement dans un dessin qui a été gravé.

ses troupes dans un jardin de plaisirs et faisant fouler aux pieds de son cheval fougueux un vieillard paisible, venoit, par cette insulte faite à la nature, de provoquer et d'assurer la conquête de ses droits.

Écrivains philosophes! Lumières de ce siècle, qui, par vos ouvrages avez préparé cette catastrophe heureuse! Électeurs de Paris (9)! Représentans de cette Commune qui l'avez si bien sécondée, et vous Membres de l'Assemblée constituante qui en avez sçu tirer un parti si avantageux, que de douces jouissances les souvenirs de cette journée répandent dans vos ames, et communiquent à tous les amis de la liberté! Mais ce n'est point à de stériles souvenirs que doivent se borner tous les avantages que peut nous procurer cette fête; c'est, en l'utilisant par l'examen des réflexions qu'elle doit inspirer, qu'elle devient digne d'un peuple républicain. Eh! quelles réflexions intéressantes ne fait elle pas naître?

(9) Les électeurs de Paris réunis d'abord au Musée de la rue Dauphine, se rassemblèrent à la maison commune avec des députés des districts. On peut voir les procès-verbaux des électeurs rédigés par *Duverrier*.

Elle apprend aux tyrans de toutes les espèces, qu'envain ils tenteroient d'étendre et de faire peser sur nos têtes un sceptre nouveau, bientôt ce sceptre seroit brisé et leur puissance usurpée anéantie; et l'expérience appuye ces leçons, de l'exemple de tous les ambitieux qui depuis le 14 Juillet, ont essayé d'abuser du pouvoir.

Aux amis de la liberté elle enseigne à conserver soigneusement une conquête qui leur a couté tant d'efforts et de sacrifices, sans leur permettre de sortir des bornes de cette liberté dont l'abus ameneroit la perte.

Non, Citoyens, ne nous y trompons pas; ne prenons point pour liberté tous ces excès que trop souvent des hommes ou privés de lumières, ou trop inconsidérés, ont confondus avec elle.

Sans doute un peuple ne commence à être libre que lorsqu'il ne compte plus de tyrans qui l'oppriment; mais par la chûte des trônes sa liberté ne fait que commencer; il ne devient totalement libre que par ses vertus (10);

---

(10) *Liberum non facit fortuna sed virtus.*

PETRARCHA. Dial. XIV *de libertate.*

il ne complette sa liberté que par la pratique de la prudence, de la justice, de la force et de la piété (11). Que ce dernier mot ne fournisse point à la malveillance un aliment nouveau! il ne désigne aucun culte exclusif; il en condamne beaucoup, et tous ceux là surtout qui ont remplacé l'effusion simple des sentimens par d'hypocrites et fastueuses cérémonies, et qui ont changé la véritable piété en fanatisme délirant et devastateur; mais, n'en doutez pas, celui qui ne rend, par aucun élan du cœur, à l'être suprême, l'hommage que son cœur lui demande; celui qui ne connoît ni cette tendresse paternelle, ni cet amour filial, ni cette bonne foi que les anciens nommoient si justement *piété*: non celui-là n'est pas plus libre que l'homme injuste envers ses concitoyens, ingrât envers ses bienfaiteurs; que celui que la moindre privation contriste et qu'abbat le plus léger revers; que celui que l'orgueil, l'avarice et l'ambition dévorent. Certes! manquer d'une vertu c'est être esclave en ce

(11) G. *Liber sum.* R. *plane, si prudens es, si justus, si fortis, si modestus, si innocens, si pius.* Id. ibid.

point (12), et esclavage le plus honteux est d'être maîtrisé par les vices (13).

Oui: c'est envain que se prétendroient libres ces hommes qui sans vertus privées, deviennent par leur ambition le fléau de la société, n'ont d'espoir que fondé sur les divisions qu'ils fomentent et entretiennent, et qui, tot ou tard, forcent la masse des hommes vraiment libres à les chasser ou les punir comme auteurs des troubles et des dissentions politiques (14).

C'est envain qu'ils se prétendroient libres et amis de la liberté, ces hommes qui, à la tête des armées, s'occuperoient plus de leur fortune que du succès de la campagne: ces ministres qui remplissent leurs caisses et vuident celles du trésor public, ou

---

(12) *Horum si quid abfuerit pro ea te parte servum scito.* Id. ibid.

(13) *Qui servit vitiis vere liber non est dicendus.* ERASMUS in apopht.

(14) *Falso et insidiose libertatis nomen obtenditur ab iis qui privatim degeneres, in publicum exitiosi, nihil spei, nisi per discordias habent: itaque statim ut seditionis auctores tollendi.* TACIT. ann. II.

qui, aveuglés par l'or qu'on leur donne, ne voyent point nos camps dégarnis, nos frontières sans défense, nos soldats sans armes, sans habits et sans pain; ces fournisseurs infidèles (15) sang-sues de la République, engraissés du produit de leurs vols, qui, parcequ'ils ont payé le silence de leurs grands complices, s'étourdissent sur les plaintes des malheureux qu'ils laissent périr de misère et de besoin, et courent, au sein des plaisirs, oublier la honte et les remords.

C'est envain qu'ils se prétendroient libres ces êtres apathiques indifférens à tout ce qui se passe; qui, comme l'âne de la fable, peu inquiets sur la main qui leur posera le bât, gambadent ou se roulent sur le gazon de l'indolence, au lieu de veiller et d'agir pour n'en point recevoir.

---

(15) Je n'ai été que trop témoin, depuis mon séjour dans les nouveaux Départemens, de ce que je dis ici. Mais je dirai aussi que j'ai vu avec peine des fournisseurs exacts qui n'étant pas payés, se voyoient forcés d'abandonner le service. La voix publique saura désigner les uns et les autres.

Eh! la liberté n'est elle point le pouvoir de faire ce que l'on veut (16)? Sans doute; mais je parle à des hommes doués de la raison, et la raison ne doit vouloir que ce qui est juste, prudent et sage. Aller plus loin, c'est marcher à la licence: et la licence est la porte du crime et la source de l'esclavage (17). Quand on ne fait que de conquérir sa liberté, facilement on se laisse entraîner à l'extrême (18), et l'on se jette dans la licence, ainsi que l'a philosophiquément observé l'un des plus grands historiens de Rome; mais quand on a dix années d'expérience, ou qu'on jouit du bonheur de vivre sous les lois d'un peuple qui l'a

---

(16) *Quid est libertas? potestas vivendi ut velis. Quis igitur vivit ut vult nisi qui recta sequitur? soli hoc contingit sapienti, ut nihil faciat injurius, nihil dolens, nihil coactus. Quis neget omnes leves, omnes cupidos, omnes denique improbos esse servos?* PETRARCHA Dial. XIV. de libertate. Nous avons défini la liberté, le pouvoir de faire ce que la loi ne défend pas.

(17) *Licentia una janua est, et aditus ad omne scelus.* LIVIUS.

(18) *Habet hoc semper nova libertas ut ad licentiam facile deflectet.* LIVIUS.

acquise et que l'on est confondu avec lui, il ne doit plus y avoir d'erreur ; et la raison, usant de tous ses droits, ne peut plus conseiller que ce qui est légitime. La raison est la modératrice de la liberté comme de toutes les autres jouissances; et qui l'écoutera sera vraiment libre.

Ainsi la liberté de la presse, qu'on a perdu trop de tems à consacrer en principe, comme si ce principe n'étoit pas inséparable de la liberté individuelle et la sauve garde de la liberté publique, la liberté de la presse autorisera l'homme, conduit par la raison, à émettre franchement sa pensée, à discuter les lois, à démasquer les coupables quand l'exigera l'intérêt général, à relever l'esprit public; mais elle ne l'autorisera pas à devenir l'écho d'un parti; à conseiller la désobéissance aux lois ou à la provoquer par le mépris jetté sur elles; à employer pour perdre un homme le sarcasme et la calomnie; et à corrompre l'opinion au lieu de relever l'esprit public; tous ces excès sont des crimes anti-sociaux qui méritent d'être punis et contre lesquels nos représentans nous doivent des lois.

La liberté de parler ne doit pas être moindre que celle d'écrire; mais la raison ne permettra pas que l'on abuse de la faculté de tout dire pour allarmer les citoyens par des nouvelles controuvées, par de fausses interprétations des lois; elle ne permettra point de ces discours soidisant pieux ou civils tendans au renversement d'une constitution fondée sur les droits de la nature, dont le tems amènera l'amélioration; mais que les circonstances obligent de conserver avec les taches qui déparent tant soit peu sa beauté.

La liberté de penser, plus étendue que les premières, sera la plus complette de toutes: la raison tolère ses erreurs, comme elle autorise ses doutes, pourvu qu'elle ne se manifeste que de manière à ne pas être nuisible à la société.

En un mot la liberté, beaucoup plus grande dans un individu isolé, quoique soumise encore aux conseils de la raison, reçoit nécessairement des bornes quand l'homme se considère en société: car alors la liberté individuelle ne doit ni détruire, ni blesser la liberté sociale.

Voilà, citoyens, ces réflexions salutaires auxquelles naturellement nous portoit l'anniversaire de la conquête de notre liberté: réflexions qui doivent concourir à notre bonheur si nous voulons les mettre en usage; réflexions enfin qui m'ont paru dignes d'une fête républicaine qui, doit non seulement frapper les yeux et reveiller les esprits, mais instruire et échauffer les cœurs.

Liberté chérie des François! c'est, dépouillée des excès qui te deshonorent et te détruisent, c'est sous tes dehors aimables que nous nous plaisons à te contempler. C'est pour jouir de tes bienfaits et te posséder à jamais que nous nous sommes spontanément levés il y a dix ans et que nous combattons encore. Le royalisme et ses agens, le fanatisme et ses prêtres, l'anarchie et ses égorgeurs se sont envain ligués contre nous: soutenus invisiblement par le Dieu qui nous a faits pour toi, et par l'amour que nous t'avons juré, nous avons glorieusement lutté pour ta conservation et nous l'avons obtenue; et quand je dis *Nous*, je vous comprends frères chéris! Germains associés à nos destinées; que le Rhin par son cours renferme dans le sol de la liberté; Oui nous l'avons obtenue.

Des rois, il est vrai, se coalisent de nouveau contre nous : des fautes, qui seront punies sans doute, leur ont procuré quelques succès; mais ils seront vaincus; et la seconde coalition sera détruite comme la première. Déjà l'Italie voit la victoire rechercher nos drapeaux; l'Helvétie, malgrè les playes qui l'affligent se souvient d'avoir sécoué le joug de l'Autriche et ne le recevra plus. Le Léman se distingue par l'énergie qu'il développe. Les nouveaux Départemens brulent de fournir à la défense de la liberté des légions bouillantes d'amour et de courage; la France a fait lever sa jeunesse et tout nous promet des succès.

La voilà cette jeunesse française qui ne respire que la victoire et la liberté; des Généraux habiles et dignes d'elle vont la conduire à la gloire. Ce ne sera pas envain que des armes vont lui être distribuées : en les recevant elle se reportera au quatorze Juillet (19) et croira les prendre elle même dans les arsenaux de la tyrannie, pour détruire les tyrans; que

---

(19) Le 14 Juillet on alla à l'arsenal, au garde meuble, aux invalides : par tout on prit les fusils et les armes qui se trouvèrent et l'on en fit un bon usage.

dis-je? elle les recevra des mains de la patrie, pour la défense de la liberté, et fidèle à la liberté, à la patrie, elle répoussera les brigands du Nord, les forbans d'Ilion et les assassins de l'Autriche, et ne reviendra dans ses foyers que couverte des lauriers de la victoire, et glorieuse de nous avoir assuré la liberté (20).

---

(20) Chacun de nos Soldats aura dans son cœur et sur ses lèvres, cette phrase de *Mariana* qu'il s'appliquera à la vue des Armées Austro-Russes. *Æmori per virtutem praestat quam amissa libertate à majoribus parta, ludibrio esse genti barbarae et immani : quae præ se omnes homines contemnit, cujus superbæ sunt aures, contumeliosa dicta, aditus difficiles, novæ crapulæ, inhumana credulitas.* JOAN. MARIANA de rebus Hispaniae. Lib. I.

F. V. MULOT.

BIBLIOTHEQUE NATIONALE DE FRANCE
3 7531 03964162 7

www.ingramcontent.com/pod-product-compliance
Lightning Source LLC
LaVergne TN
LVHW010254230826
846091LV00007B/2958

* 9 7 8 2 0 1 3 3 7 0 6 3 9 *